なるほど世界地名事典

1 アジアI・オセアニア

蟻川明男 著

大月書店

もくじ

東アジア①
北朝鮮、韓国、日本　4p

東アジア②
モンゴル、ロシアⅠ　6p

東アジア③
中国Ⅰ　8p

東アジア④
中国Ⅱ　10p

東南アジア①
中国Ⅲ、台湾、フィリピン　12p

東南アジア②
ラオス、ベトナム　14p

東南アジア③
ミャンマー、タイ　16p

東南アジア④
マレーシア、カンボジア　18p

東南アジア⑤
シンガポール、インドネシア　20p

東南アジア⑥
ブルネイ、東ティモール　22p

オセアニア ①
パラオ、パプア・ニューギニア、ミクロネシア（アメリカ領） 24p

オセアニア ②
オーストラリア Ⅰ 26p

オセアニア ③
オーストラリア Ⅱ 28p

オセアニア ④
ニュージーランド 30p

オセアニア ⑤
マーシャル諸島、キリバス（アメリカ領） 32p

オセアニア ⑥
ナウル、ソロモン諸島、ツバル、サモア 34p

オセアニア ⑦
バヌアツ、フィジー諸島、トンガ、クック諸島 36p

しらべてみよう世界地名クイズ 38p

参考文献 40p

さあ、地名の由来をたどって世界を知る旅に出よう！

旅する地図鳥くん

東アジア①
北朝鮮、韓国、日本

鴨緑江(おうりょくこう)

中国と北朝鮮の国境を流れる国際河川(かせん)である。中国語で「ヤールー・チヤン」、朝鮮語で「アムノック・カン」と読むが、ともに「鴨(カモ)の頭のような緑色をしている川」という意味である。長さ790kmのうち、小舟なら700kmまで航行(こうこう)できる。

北朝鮮(きたちょうせん)

朝鮮半島にあった国家＝李氏朝鮮(りしちょうせん)(大韓国(だいかん))は1910年に日本に併合(へいごう)された。第二次世界大戦で日本が敗北して統治が終わると、北緯38度線から北をソ連が、南をアメリカが軍事支配し、朝鮮は南北に分断された。1948年8月に南朝鮮に大韓民国(韓国)が、同年9月に北朝鮮に朝鮮民主主義人民共和国が樹立(じゅりつ)された。朝鮮は「朝の鮮(あざ)やかさ」を意味し、古代に太陽を神聖化したときの表現である。

首都 ピョンヤン(平壌)

古くから北朝鮮の中心地で、平(ピョン＝平らな)・壌(ヤン＝豊かな耕作地)。紀元前2世紀の衛氏の王険城(えいし)(おうけんじょう)、5～7世紀の高句麗(こうくり)の都城(とじょう)があったため、古墳群(こふんぐん)が貴重な文化遺産(いさん)である。1948年、北朝鮮の首都となった。

ピョンヤンの中心部

北朝鮮の国旗

赤い星は革命と未来への展望、赤は国家建設、青は平和、白は光明(こうみょう)を表す。

イムジン川(りんしんこう)

漢字では臨津江と書き、「渡し場にのぞむ川」。南北朝鮮の国境線。北朝鮮に流れを発し、中流でいったん韓国(かんこく)に入り、下流部と本流のハン川の中央線が国境となっている。ここから東北東に240kmにわたり、いわゆる38度線が走り、幅4kmの非武装地帯(ひぶそう)となっている。キョンイ線臨津江駅(韓国)は民間人統制区域で、憲兵(けんぺい)がいて、さながら「臨陣(イムジン)＝陣営にのぞむ場所」である。愛唱歌「イムジン河」でおなじみ。

日本（ジャパン）

中国の東の方（太陽の昇る方向）にあるので、「日の本」＝日本。英語では「Japan（ジャパン）」という。日本という漢字を台湾語やその向かいの福建語（中国語）で読むと、「Jit pun（ジップン）」となり、14世紀の旅行家マルコ・ポーロはヨーロッパに「ジパング」と伝えた。日本に最初に来たヨーロッパ人であるポルトガル人は、東アジアに来て日本のことを知ったので、「Japão（ジャパオン）」と呼んだ。そこから英語の「Japan」が出てきた。

首都 東京

1869年、明治政府は京都に代わる新首都を江戸にうつし、東の京＝東京と名づけた。

韓国

朝鮮半島にあった国家＝李氏朝鮮（大韓帝国）は1910年に日本に併合された。第二次世界大戦で日本が敗北して統治が終わると、北緯38度線から北をソ連が、南をアメリカが軍事支配し、朝鮮は南北に分断された。1948年8月に南朝鮮に大韓民国（韓国）が、同年9月に北朝鮮に朝鮮人民民主主義共和国が樹立された。韓（カラ）という国名は、古代朝鮮のときに使用されており、「大きい、正しい、まこと」という意味である。

首都 ソウル

旧名は1910年の日韓併合（日本の一部とされた）から1945年（日本の敗戦）まで、日本の総督府が置かれていた京城である。周囲を山に囲まれ、漢江（ハン川）にのぞむ首都は、戦後、韓国の古語で「都」を意味する「ソウル」に改められた。

ソウルの中心街

日本の国旗

日の出ずる国を表している。幕末に幕府船の標識だったものが、外国船との区別のため、日本船の標識になり、明治政府に国旗として引きつがれた。

韓国の国旗

円内の赤の巴は陽、青の巴は陰を表し、万物生成の根源を示す（たとえば、陰陽をオス・メスと考える）。4組の記号では、長い棒は陽、短い棒は陰を表し、陽3本は天、陰6本は地、陽1本と陰4本は水、陽2本と陰2本は火を表している。白地は平和の精神を示す。太極（＝宇宙）旗という。

東アジア②
モンゴル、ロシアⅠ
(ロシアⅡは3巻16p)

長さ635kmの断層湖。最深部が1741mあり、世界一深い湖である。海とつながっていたときに入ったチョウザメやアザラシがいる。ブリヤート語でBai(バイ=豊かな)・kal(カル=湖)、モンゴル語でダライ(=大きな)・ノール(=湖)。

バイカル湖

ロシア

ヨーロッパの国ロシアは、19世紀後半に極東まで領土を拡大した。1858年にハバロフスク、1860年にウラジオストク(東方征服)が建設された。ロシアとは「ルスの地」という北欧バイキング語に由来する。「ルス」とは古代に北ヨーロッパと東ヨーロッパを結ぶ通商ルートを支配した、「舟をこぐ人」のことである。首都はモスクワ(③巻16ページ参照)。

モンゴル

「モンゴル」は、チンギス・ハーン(=皇帝)の出身部族の名で、この部族のすんでいた東部にあるオノン川を、Mon(モン=この)・gol(ゴル=川)と呼んでいたことに由来する。モンゴル族は1人10頭ほどの換え馬を用意することができたので、ほかの勢力よりも強く、13世紀にユーラシア大陸にまたがる大帝国を建設した。そのため、ヨーロッパ人はアジア人をモンゴロイド(モンゴル人種)と呼んだ。

ゴビ砂漠（モンゴル～中国）

Gobi(ゴビ)はモンゴル語で「半砂漠」という意味。草の生えた荒れ地である。南の端に万里の長城がある。西アジア、アフリカにいるヒトコブラクダに対して、寒冷地に適するフタコブラクダの生息地である。

モンゴルの国旗

青は空と永遠、赤は喜び、黄は黄金の色で愛と共感を示す。紋章(ソヨンボ)は過去・現在・未来を照らす炎、太陽、三日月の下に、一致と友情に守られ(両側2本のたて棒)、やりで固め(2つの逆三角)、安定した(2本のよこ棒)、陰陽の調和(閉じることのない魚の目=油断しない2つの目)のある国を表している。

ウグレゴルスク

Ugle(ウグレ＝石炭)・gor(ゴル＝鉱山)・sk(スク＝町)はシベリア開発で生まれた炭鉱の町で、ソ連時代に空軍の戦略ロケット軍第27師団が置かれた。現在の宇宙船発射基地はバイコヌール(カザフスタン)にあるため、自国に新設が急がれていたが、2012年、この地が宇宙軍の基地に変わり、ボストーチヌイ(東)コスモドローム(宇宙船基地)となった。2015年に最初の無人ロケットの打ち上げが予定されている。

ハバロフスク

1650年に毛皮商人ハバロフの義勇隊により、極東最初の要塞がつくられ、1858年に移住者を迎えてハバロフスク(＝ハバロフの町)となった。1973年、新潟との間に定期航路が開かれた。

ウラジオストク

1860年、ロシアは清から奪った港町を極東支配の拠点とし、Vladi(ウラジ＝征服)・vostok(ボストク＝東方)で「ウラジオストク」(＝東方征服)と命名した。1916年に開通したシベリア鉄道の終着駅がある。ソ連時代には外国人の立ち入りは禁止されていたが、1990年代になって対外的に開放された。

シベリア

モンゴル語で「湿地上の茂みや森」。先住民として、サハ人(別名ヤクート人)やブリヤート人など30を超える少数民族がいる。1905年に世界最長のシベリア鉄道(9297km)が開通した。

首都 ウランバートル

モンゴル語でウルガ(＝宮殿)というラマ教(チベット仏教)の聖地だったところが、1924年、社会主義革命により、ウラン(＝赤い)・バートル(＝英雄)と変わった。英雄とは軍の最高位で、革命の先頭に立っていた新国軍の兵士だったスフバートルのことで、彼の像が立っている。

ロシアの国旗

白は高貴と率直、青は名誉と純粋、赤は寛大と勇気を表す。白・青・赤の3色をスラブ色とか伝統のスラブ色といい、東ヨーロッパのスラブ系諸国の旗に用いられている。

ウランバートルにある
チンギス・ハーン像

東アジア③
中国Ⅰ

紫禁城

首都 ペキン（北京）

元のときに大都、1402年、明の永楽帝のときに北京（＝北のみやこ）となり、紫禁城（しきん城＝皇居のこと）が建設された。中華民国時代、一時首都が南京に移ったので、その間だけは呼び方が「北平」に変わった。日本では福建語で「ペキン」というが、中国では北京語で「ペイチン（Beijing）」という。英語では「Peking（ペキン）」。

モンゴル

チンリンは漢字で「秦嶺（しんれい）」と書き、穀物の嶺という意味である。中国最初の統一国家、秦の国（紀元前207年滅亡）は、馬のよく育つ土地であった。最高峰3767m、長さ800kmの東西に走る断層山地は、畑作地と稲作地の境界となっている。これより北は雨の少ない地域、南は雨の多い地域である。

チンリン山脈

青海湖（チンハイこ）

チベット高原

ヒマラヤ山脈

中華人民共和国

中国の国旗

赤は社会主義革命を表す。大きな星は中国共産党、4つの小さな星は労働者、農民、知識人、愛国的資本家を表している。黄は光明の色である。五星紅旗という。

中国（中華人民共和国）

世界の中心にある（＝中）、花の咲き誇る文化国家（＝華）で「中華」、それに漢人だけではなく50の少数民族をふくむ人民の国という意味。第二次世界大戦中の日本の侵略を、国民党と共産党が協力して退けたあと、共産党が国家を統一して、1949年、現代中国が誕生した。英語では「China（チャイナ）」。中国の最初の統一国家である「秦（チン）」の名前がインドやペルシャでCin（チン）とかChin（チン）と書かれたので、それに「a」をつけて「チャイナ」となった。国によっては「シナ」と発音する。

インド　　　　　　　　　　　　　　　ミャンマー

シェンヤン（瀋陽）

「瀋水という運河の北側」にあるので「瀋陽」となった。瀋水とは「たたえる水」のこと、陽は日当たりの良さを指し、川では北側、山では南側のことである。1625年から約20年間、ここは清の首都盛京だったので、故宮（昔の皇居）が残っている。東北地区の経済・文化の中心地。1931年、郊外の柳条湖で満州事変がはじまった。

ターリエン（大連）

Dalin（ダーリン＝岸）を奪ったロシアは、この満州語地名をロシア語でDalniy（ダールニィ＝遠方）と当て字した。1904年に日本領となり、漢字地名に置きかえられ、「大連」（中国語でターリエンと発音）と書かれた。ロシアのつくった東清鉄道の終着駅を、1906年日本は南満州鉄道の拠点駅とした。

テンチン（天津）

明の永楽帝のときに、首都ペキンに直結する港として、「天子（＝皇帝）の津（港）」と認識され、天津（テンチン）と名づけた。港町であったから、海神をまつる天后宮がある。

上海

シャンハイ（上海）

長江の支流呉淞（ウソン）江は満ち潮のとき、海水が入る水辺（＝海浦）で、そこには「上海浦」と下海浦があった。前者に由来する上海が、1842年の南京条約によって開港場となり、英・仏・米・日などに中国最初の租借地（＝他国に貸し与える土地）を提供した。中華人民共和国になってからは宝山製鉄所の建設、経済技術開発区の設置、2010年のシャンハイ万博など、経済の先頭を走ってきた。

ウーハン（武漢）

古代から軍事上の要地で、武が昌んだった「武昌」、漢水の河口の「漢口」、漢水の北側の「漢陽」という3つの都市が、1949年に合併して生まれた都市名である。漢水は古代の漢王朝の発祥地。中華民国が生まれるきっかけとなった1911年の辛亥革命は武昌ではじまった。

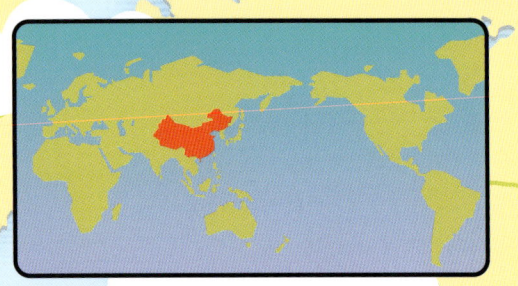

東アジア ④
中国 II

アルタイ山脈
モンゴル語Altan（アルタン＝金の）・uul（ウール＝山脈）から短くアルタイとなったが、今では金は産出しない。古生代起源の山なので、断層運動のために上昇したとはいえ、なだらかな山容を残しており、氷河をのせた最高峰（4506m）はベルーハ（ロシア語で北極海の「白イルカ」）にたとえられている。

シンチャン・ウイグル自治区
中国語・新疆（シンチャン＝新しい辺境）は、18世紀に付けられた地名で、少数民族であるウイグル族の居住地である。古来、西域（さいいき）と呼ばれた地で、シルクロードが走るところとしても知られている。1994年には、中央アジアと結ぶ新シルクロード鉄道が開通した。

タリム盆地
タリム川にちなみ、ウイグル語で「耕地」という意味。砂漠の中の川ぞいに、種をまいたり、植木をしたりする土地がある。東西1500km、南北600km、天山南路（てんざんなんろ）などの交通路が走る。

タクラマカン砂漠
タリム盆地の大部分をしめ、ウイグル語でTakla（タクラ＝不毛の）・makan（マカン＝住みか、土地）。1964年以来の核実験の場所。1995年に砂漠を南北につらぬく砂漠公路が開通した。

ラサ
ラマ教（チベット仏教）の聖地であり、Lha（ラ＝神の）・sa（サ＝土地）という意味。17世紀中ごろに再建されたポタラ（観音（かんのん）の住みか）宮殿がたつ。チベット人のチベット自治区の中心地でもある。2006年、シーニン（西寧）から高さ3670mのラサまで、チベット鉄道が開通した。

ラサのポタラ宮殿

ウルムチ（烏魯木斉）

18世紀半ばにモンゴル語ulemj（ウレムジ＝豊かな）草地に、清が迪化（道を通すこと）を創設したあと、この地は発展し、大きな集落となった。地名は「ウルムチ」となまり、1882年にシンチャン省の省都となった。南山、秀山は緑が多い。1994年に天山北路に並行して新シルクロード鉄道が開通した。

シーニン（西寧）

漢字で 西寧と書き、「西方を寧んずる」こと。12世紀の北宋のとき西方辺境を安定させる目的で改名した。青海高原の高さ2380mにあり、青海省の商都で東関イスラム大寺やラマ教タール寺で有名。チベットのラサと結ぶチベット鉄道の起点。

チョンチン（重慶）

並行して流れる長江と嘉陵江にはさまれた細長い半島状の地形で、小高い山をなしているので山城という。12世紀末、南宋の3代光宗がこの地の王になったのち、帝位についたので二重の慶びを感じたことから、「双重喜慶」を短く「重慶」とした。

中華人民共和国

チンハイこ 青海湖
シーニン
こうが 黄河
チンリン山脈
ホンドゥワン 横断山脈
嘉陵江
長江
チョンチン
コイリン
チベット高原
ベトナム
ミャンマー

桂林の漓江

チベット高原

高さ3600mまでは畑作、それ以上高いところは羊やヤク（チベット牛）の放牧が見られる。Ti（ティ＝高地）・Bod（ボド族）に由来する地名で、ボド族とはチベット人の自称である。

コイリン（桂林）

日本語だとカツラの林となるが、中国語では庭木に向いているキンモクセイのことである。唐のころから植えられ、10〜11月に咲き香る。町の東を流れる漓江（りこう＝「しみこむ川」）は石灰岩にしみこんで地下に鍾乳洞をあけ、地表ではゾウの鼻のような岩、ラクダのような山、林立する岩といった奇岩・奇峰の景色をつくった。

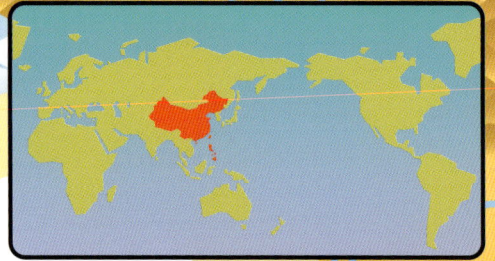

東南アジア①
中国Ⅲ、台湾、フィリピン

コワンチョウ（広州）

3世紀に呉という国が、はじめて「広州」=広大な州都という地名を使った。17〜20世紀の清代に、対外貿易というと、唯一開かれていた港がここで、1861年以降は英・仏に対し租借地（外国に貸し与える土地）も用意された。古代のイスラム寺院や仏教寺院、近代のカトリック寺院がある。食材が豊かで、「食は広州にあり」と言う。

シェンチェン（深圳）

元はホンコンの背後にあった農村で、農業用の深圳（=深い水路）が走っていた。1984年に経済特区となり、外国資本を導入し、工業化を推進した。深圳は自由・民主・繁栄をめざす新興の大都市である。

マカオ（澳門）

海の女神媽祖（マツ）をまつった「媽閣廟」（マカオミャオ=媽の霊をまつった寺）があり、それをポルトガルがMacau（マカウ）と呼んだ。1557年、ポルトガルが近辺の海賊を平定したので、その代償にこの半島部を獲得した。1999年、中国に返還されたが、ホンコンと同様特別行政区で50年間の自治権が与えられている。地元では単に澳門（オームン=湾の口）という。

ホンコン（香港）

「センダン（ビャクダンともいう）は双葉より芳し」というが、そのような「香木」などの集散地が、ここの港であった。日本でも香木は死者をおくるときの必需品であった。現在ホンコンは金融・貿易・電信の世界的センターである。1997年、イギリスから返還されたホンコン島や九龍半島などは50年間の自治権が与えられている。

東シナ海
日本
琉球諸島
タイペイ
台湾
ルソン海峡
フィリピン海
ルソン島
フィリピン共和国
ケソン・シティ
マニラ
ビサヤ諸島
パラワン島
スル海
ミンダナオ島
ダバオ

台湾

台湾島では、先住民であるマレー系シラヤ族が、大陸から移住してくる漢人（中国人）を世話する役所を「外国人」を意味する、Taijan（タイヤン、マレー語）とか、Taijin（タイイン、タガログ語）と呼んだ。最初、「大湾」、「台員」と書いたが、最終的には「台湾」に落ち着いた。今では、人口の98％が漢人である。1945年以来、共産軍に敗れた中華民国政府と国民党が治めてきたが、1980年代に入り野党を認めるなど民主化が進められた。日本は1972年に、中華人民共和国と国交を回復し、中華民国（台湾）との国交を断ったので、正式名は使えずに台湾と呼ぶことになった。

台湾の国旗

12支にちなむ12の光を放つ太陽は、たゆまぬ前進、青・白・赤は三民主義を示す。青は参政権（民権）、白は経済上の平等（民生）、赤は列国と対等（民族）を表す。

フィリピン

1521年、マゼランが世界一周のとき、この地に上陸したことによりスペイン領になり、1565年、スペイン王・フェリペ（2世）のとき、植民地の経営に着手した。それ以来この地生まれの白人を「フェリペ」と呼び、ついでフェリペは広くカトリックの住民をさす言葉となり、やがて国名として使用された。フィリピンはその英語名で、1898年～1945年のアメリカ領のときに定着した。

首都 マニラ

公用語のタガログ語で、May（マイ＝ある）・nila（ニラ＝インド藍の）が、Manila（マニラ）と短縮した。インドの言葉で「青」を意味するnila（ニラ）というマメ科の多年草にふくまれるインジゴは、水にとけないので染料に適している。スペイン時代の遺跡があり、郊外のケソン市（初代大統領の名）とつながる首都圏を形成している。

フィリピンの国旗

白い三角形は平和と友愛を表し、その中の黄色い太陽の8光線は、独立のときに立ち上がったルソン島の8州を、3つの星は、ルソン島・ミンダナオ島・ビサヤ諸島を示す。青は高い理想と正義、赤は勇気と愛国心である。

東南アジア ②
ラオス、ベトナム

メコン川沿いの平野に住むラオ人の居住地なので、19世紀末にこの地を支配したフランスがLaos(ラオス)と呼んだ。ラオは「彼、彼女、人」という意味で、小乗仏教徒が多く、精神性を重んじ、心の持ち方に価値をおくので、物質的な豊かさは二の次である。1953年、フランスから独立した。

ラオスの国旗

赤は独立のために流された血、青は国土の繁栄とメコン川の流れ、満月をイメージした白い円は国の統一と団結、そして平和と輝く未来を表している。

ラオス

首都 ビエンチャン

1565年にルアンプラバンから遷都したところが、Vien(ビエン＝都)・tiane(チャン＝センダンの木の)であった。「センダンは双葉より芳し」といわれ、別名「ビャクダンの木の森」である。1827年にタイの侵略で破壊されたが、1893年からのフランス領時代に再建された。メコン川に面し、タイとの間に友好橋が架かっている。

メコン川

中国のチベット高原を源流とし、4400kmを流れて南シナ海に注いでいる。タイ語でMe(メ＝母)・nam(ナム＝水の)・koong(コン＝大きい)といい、大河を意味するが、nam(ナム)を省略して、ふつう「メコン」と言っている。現在、メコン川総合開発が行われている。

ラオス国内を流れるメコン川

中国

首都 ハノイ

漢字で河(ha＝ハ)・内(noi＝ノイ)と書き、「川に囲まれた土地」という意味である。11世紀に大越(だいえつ)という国の首都となり、昇竜(タンロン)と名のるが、17世紀には地方都市となり、東京(トンキン)と変わった。1831年にハノイ省の設置により、「ハノイ」と改称したあと、1873年にフランス領インドシナの首都となり、1945年に独立国の首都へと発展した。

ハノイ

ベトナムの国旗

赤は社会主義革命、黄色い星の5つの光は労働者、農民、知識人、青年、兵士を表している。金星紅旗(きんせいこうき)という。

ベトナム

呉越同舟(ごえつどうしゅう)で有名な中国の越(えつ)(紀元前334年滅亡)の南に、古代、同じように髪をゆわず、入れ墨をした越人が、南越(かみえつ)という国をつくっていた。11世紀に中国の支配から脱し、大越国を名のったときもあった。19世紀の中国の清朝は、この国を越南(ベトナム)と呼び、公式名とした。1883年からフランスの支配下に入ったが、第二次世界大戦中は日本の侵略を受け、1945年、日本が敗戦し撤退(てったい)すると、ベトナムは直ちに独立を宣言した。しかし、戻ってきたフランスと独立戦争に入り、これに介入したアメリカが、国土の南半分を占領したので、1975年までベトナム戦争が続いた。

インドシナ半島

二つの大国、インドと中国(シナ)の間にあるので、Indo(インド)・China(シナ)。19世紀に、フランス人マルドブロンが使用した地域名であったため、中国が「シナ」となっている。シナ(支那)は、古代の秦(中国語読みチン)をインドではCin(チン)と呼んだので、ヨーロッパではChina(チャイナ)とかChine(シン)と書かれ、後者から「シナ」となったのである。

南 シ ナ 海

人民委員会庁舎とホー・チ・ミン像

ホーチミン

1945年にフランスから独立した北ベトナムは、南ベトナムとの内戦に勝利し、1975年にベトナム統一をなしとげた。1978年、旧名「サイゴン＝都会の森」は北ベトナム初代大統領のホーチミンの名に変わった。華人(かじん)(中国系住民)の多い商都で、戦争蹤跡(しょうせき)博物館などがある。

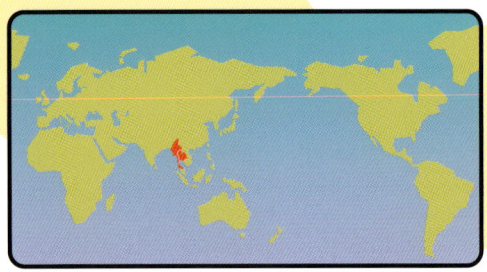

東南アジア③
ミャンマー、タイ

エーヤワディー川

この川の下流に移住したインド人は、川をイラワジ（Irrawaddy＝すがすがしい）と呼んだ。それがビルマ人によってAyeyawadi（エーヤワディー）川と変わった。下流は無数の分流が流れ、大穀倉地帯を形成している。川は、ミッチーナまで1000km以上、船でさかのぼれる。

ネーピドーの平和パゴダ

新首都 ネーピドー

国土の中心に近いピンマナの軍用地に生まれた新計画首都。完成すれば Nay（ネー＝太陽の）・pyi（ピー＝国の）・daw（ドー＝都市）は、ヤンゴン、マンダレーにつぐ第三の都市になる。2009年にできた平和パゴダ（仏塔）は、またの名を「苦難に対する防護パゴダ」といい、高さが100mある。

ミャンマー

エーヤワディー川沿いの平野に住むビルマ人が中心となっている国である。旧国名は「ビルマ」で、Myan（ミャン＝速く）・mar（マー＝強い人）が口語化（話しことば）した地名であった。それを1989年に現政権が、「ミャンマー」という文語表現に変えたもの。19世紀にイギリスの侵略を受け、1948年までイギリス植民地であった。

旧首都 ヤンゴン

ミャンマーの平野では、海岸部とエーヤワディー川下流部にいたモン族と、川の中・上流部にいたビルマ族が近代まで2大勢力となっていた。1755年にビルマ族がモン族の漁村ダゴンを攻め落とし、Yang（ヤン＝敵）・goung（ゴン＝つきる）と改称したとき、民族間の長期の戦いが終わった。1886年、イギリスの支配下に入って首都となり、ヤンゴンはラングーンとなまった。1948年の独立後も首都であったが、現在ネーピドーへの遷都中である。

ミャンマーの国旗

黄は国民の平和、緑は豊かな国土、赤は勇気と決断力を表し、これら3色にまたがる大きな白い星は、民族の一体化と国家の統一を示している。

タイ

旧名・シャムはこの国のシャム（＝顔の色が褐色の）守護神に由来する。近代ではフランス領インドシナとイギリス領ビルマの間にあって、よく独立を堅持したので、1939年に国名をタイ（Thaj）＝「自由」と変えた。この国の小乗仏教は国教と定められ、男は一生に一度は出家した方がよいとされている。1980年代後半から工業化が著しく、現在、輸出品の7割が自動車、電気機械などの工業製品である。

タイの国旗

赤は国民の団結心、白は仏教を表し、中央の青は国民の心のよりどころといわれるタイ王家である。

チャオプラヤ川

タイ語でMe「メ＝母」・nam「ナム＝水の」・Chaophraya（チャオプラヤ＝最高位の）。最高位は公爵だから「公爵の川」という意味で、名目上、川はチャクリ公爵の所有となっている。単にメナム川というか、メナムを省略してチャオプラヤ川という。

アユタヤ

1350年におこったアユタヤ王朝は、インドの古代都市アヨーディヤ（＝難攻不落）から王朝名と都市名をもらった。アユタヤ王朝は、隣国のアンコール朝を攻めるなどして領土を広げ、400年間栄えた。日本人町の頭領として山田長政が仕えたことでもよく知られる。1767年ビルマ（現ミャンマー）の侵入で、町は廃墟となった。

ビルマの侵攻により廃墟と化したアユタヤ市街

首都 バンコク

18世紀後半まで約400年間続いたアユタヤ朝がビルマの侵入を受けて滅びると、武将・チャクリにより、次の政権がバンコクにつくられた。地名の由来はBang（バン＝水辺）・kok（コク＝照葉タマゴノキ）。kok（コク）はマンゴスチンの仲間で、リンゴの香りがする実は生食やジャムに利用される。その後、外洋船が入港する都市に成長し、1782年に首都になった

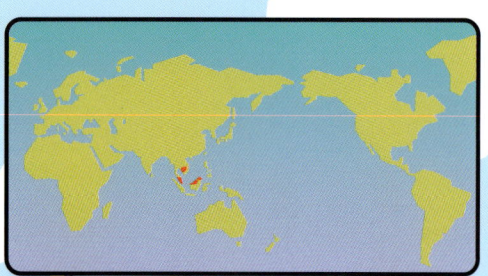

東南アジア④

マレーシア、カンボジア

インド南部のタミール語であるMalai（マライ＝山、丘陵）から、「マレーシア＝山国」となった。2000mを越えるマレー半島の山々を、インド側から見た表現である。1957年、イギリスから独立し、1963年にボルネオ島のイギリス領とシンガポールを加えてマレーシア連邦となったが、シンガポールは離脱した。

マレーシア

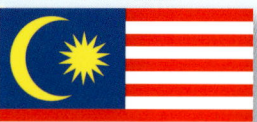

マレーシアの国旗

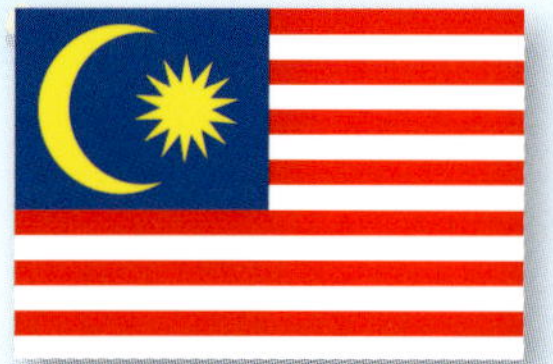

14の赤白の帯、14条の星の光は、13州と連邦政府の計14を示し、赤白は州と政府の平等と調和を表す。黄色いイスラム王家（スルタン）の色でぬられた新月と星は、イスラム教のシンボルマークで、青色の国民の統一と団結のもとにある。

クラン川とゴンバック川の合流点にあり、川沿いの砂スズの採掘で発展し、Kuala（クアラ＝合流点）・lumpur（ルンプール＝泥の）と命名された。1857年、華人（中国系住民）のめだつ都市となって発展、1963年、マレーシア連邦の首都となった。1996年、ペトロナス（国営石油の省略形）の双子ビル（高さ452m）が建設された。

首都 クアラルンプール

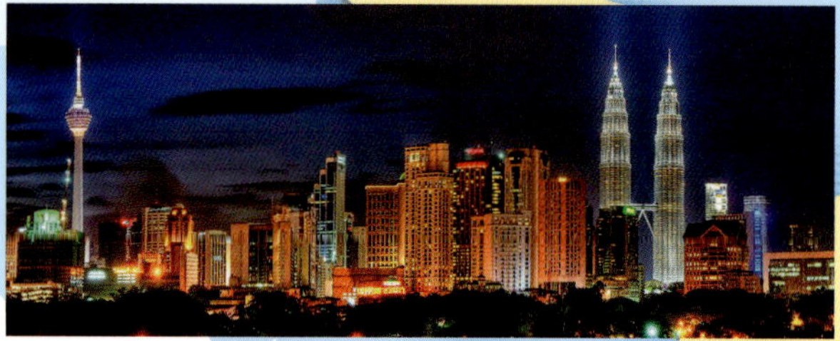

クアラルンプールの夜景、右が双子ビル

マラッカ海峡の名でもおなじみのマラッカは、メラカという香木（日本ではインドすぐりと呼ばれている）で、ヒンドゥー教の聖木とされる木の名前に由来する。15世紀初頭におこったマラッカ王国は、東南アジアでイスラム教が広まった最初の国である。インドと東アジアを結ぶ軍事的要衝にあったので、1511年にポルトガルの要塞になった。

マラッカ

タイ
アンコールワット
トンレサップ湖
カンボジア王国
プノンペン
タイランド湾
ベトナム
タイ
マレー半島
コタ・バル
マレーシア連邦
クアラルンプール
マラッカ
マラッカ海峡
インドネシア
シンガポール

アンコール・ワット

9世紀におこったアンコール王朝は、その絶頂期である12世紀前半に「アンコール＝都市」・「ワット＝寺の」、後半から13世紀初頭にアンコール・トム（＝大きな）を建設した。しかし、1431年にタイのアユタヤ軍の進入でアンコールは放棄された。

アンコール・ワット

トンレサップ湖

Tonle（トンレ＝川）・sap（サップ＝塩気のない）川の上流部にある湖で、雨季にメコン川が逆流し、湖の面積は乾季の大きさの10倍になる。しかし、逆流しても下流の海水が上がってくることはない。漁業と養殖がさかんな湖である。

カンボジア

カンボジア人の祖先と言われているクメール族が人口の9割を占める。6世紀の王カンプチアの名から、その後カンボジアの国名が出てくるが、その意味はKampu（カンプー＝人名）・Chea（チア＝自由の身の）である。9世紀以降のアンコール期に、壮大な建造物であるアンコール・ワットが出現した。19世紀後半からフランスの支配下にあったが、1949年に独立した。

首都 プノンペン

14世紀のこと、川に水くみに出たペン夫人は、流れるコクの木に4つのブロンズの仏像と1つの石の仏像がのっているのを見つけた。仏像は高さ27mの丘の上につくられた寺に納められ、そこはPhnom（プノン＝丘）・Pen（ペンの）、つまり「ペン夫人の丘」と名づけられた。町は1371年につくられ、1431年、タイに当時の首都（アンコール）を占領されて、首都をここに移した。

プノンペンにあるカンボジア王宮

カンボジアの国旗

赤は国民、青は王室、白は仏教のシンボル色で、紋章は12世紀に建設されたアンコール・ワット。

南シナ海
ブルネイ
カリマンタン島
マレーシア連邦
インドネシア

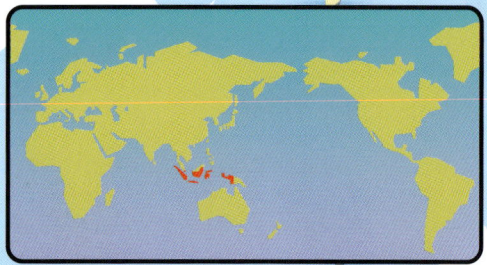

東南アジア⑤
シンガポール、インドネシア

13世紀に、スマトラ島のシュリーヴィジャヤ王国が、軍事的な要衝にふさわしい名前として、インドのサンスクリット語でSinga(シンガ＝獅子の)・pore(ポール＝都市)と名づけた。1819年、イギリスの支配下に入り、1963年の独立のときに、いったんマレーシア連邦に加盟したが、そこから1965年に分離した。商業活動や軍事力の強化に貢献したのは、今では人口の7割を占める華人(中国系住民)である。

シンガポールの国旗

赤は人類愛と平等、白は純粋と徳を表す。5つの星は自由・正義・平等・平和・進歩という国の理想を示す。三日月はイスラム教のシンボルでマレーシアの一部だったことを示すと同時に、これから満月へ向かう段階にある若々しさを表す。

シンガポールのマーライオンと高層ビル

インドのサンスクリット語の、Samudra(サムドゥラ＝海の)・dvipa(ドゥビパ＝島)が、「スマトラ」となった。7世紀半ばにおこったシュリーヴィジャヤ王国は、仏教をインドから導入し、この地を仏教の中心地とした。その前後からこの地に移住したインド人が多いことがこの島の特徴である。

インドのサンスクリット語の、Yava(ヤバ＝大麦の)・dvipa(ドゥビパ＝島)が、Jawa(ジャワ)島と変わった。この島のジャワ人はインドネシア全人口の6割を占めるが、ジャワ語は身分による言葉のちがいが大きいので、公用語はマレーシアのマレー語に近いインドネシア語である。島には約120の火山がある。

1522年、ポルトガルの進出に対して、地元のバンタム王国は大艦隊を出撃させ、ポルトガルに勝った。このとき国際語であったヒンディー語で、Jaya（ジャヤ＝勝利の）・karta（カルタ・達成者）と地名を改めた。しかし1619年、今度はオランダが進出し、バタビア（オランダの民族名）という地名に変えられた。それから300年後の1945年、インドネシアの独立によって、旧名「ジャヤカルタ」が「ジャカルタ」という簡略化した名前で復活した。

ジャカルタの独立記念広場

首都 ジャカルタ

インドネシア

ヌサンタラ（＝列島）というのが正式名であるが、1847年以来、イギリス人ローガンの命名によるギリシャ語のインドネシア（＝インド諸島）の方が使われている。古代からインドの影響下にあり、ヒンドゥー教・仏教・イスラム教のほか、カースト制度やヒンディー語・サンスクリット語がもたらされた。1945年、オランダから独立した。

インドネシアの国旗

赤は自由と勇気、白は正義と純粋を表し、高貴な2色旗という。

バリ島

バリ・アガ（原バリ）族という先住民の名前に由来する。16世紀初頭にイスラム教の王国が相次いで勃興すると、最後のヒンドゥー王国となったマジャパヒト王国の王族・学者・踊り子など、ヒンドゥー教に深くかかわった人々は、ジャワ島からこの島に避難した。ヒンドゥー教の生きた博物館となっている。

バリ島の舞踏芸術

東南アジア⑥
ブルネイ、東ティモール

15世紀にイスラムの首都として、ブルネイ（＝海の神）という名前で創設された。1888年イギリスの支配下に入ったが、1984年に独立し、その際、Bandar（バンダル＝港）・Seri（スリ＝輝く）・Begawan（ブガワン＝聖なる）、後ろから訳して「聖なる輝く港」と改称した。モスク（イスラム寺院）、王宮、遊園地がある。

首都　バンダルスリブガワン

マレーシア
バンダルスリブガワン
ブルネイ・ダルサラーム国

首都バンダルスリブガワンのモスク（イスラム寺院）

ブルネイ

インドのサンスクリット語Negara（ネガラ＝国）・Brunei（ブルネイ＝海の神）と、アラビア語のDarus（ダルス＝国）・salaam（サラーム＝平和な）から、短縮された国名。16世紀にイスラム教が最盛期を迎えたときの地名である。ブルネイはボルネオ島の語源でもあり、ボルネオ島のこの付近は油田に恵まれている。イギリスの保護国下から、1984年に独立した。

カリマンタン島（ボルネオ島）

カリマンタン島（ボルネオ島）

島の先住民族ダヤク族のなかのカリマンタン族に由来する名前で、Kali（カリ＝川）・mantan（マンタン＝支配者の）という意味。中世、島の一角に拠点をおいたブルネイ王国がこの島のみならず、周囲の島までその勢力を広げていたとき、ポルトガルによってブルネイがボルネオとなまり、別名ボルネオ島としても知られている。

インド洋

ブルネイの国旗

黄は王家（スルタン）の色、白と黒は大臣と地方長官を表す。紋章の旗の下のかさは王家、大きめの羽根は平和、両手は福祉・繁栄を進める国家の誓いを示す。イスラム教のシンボルである三日月には右から読むアラビア文字で、「常に神の導きに従いなさい」と書かれ、下のリボンには国名が入っている。

ミンダナオ島（フィリピン）

タガログ語のMagin（マギン＝なる）・danaw（ダナオ＝沼や湖に）から、「ミンダナオ」になったと考えられる。マギンダナオ川などの氾濫で、沼の多い土地である。先住民はイスラム系モロ族、北からの移住民はキリスト教徒が多く、両者の対立が大きな社会問題となっている。

スラウェシ島（インドネシア）

Sula（スラ＝金床）・wesi（ウェシ＝鉄の）は、インドネシア語で、鍛冶のこと。古くから木炭による鍛冶が行われてきた島で、今でも昔ながらの鍛冶をしている小さな鍛冶屋列島が島の南東部にある。主に農具・山刀・ナイフを作る。島は鉄・ニッケル・金・銀などがとれる。肥沃な火山灰土で覆われた南西半島は島の人口集中地区である。

マルク諸島（インドネシア）

英語でモルッカ諸島といい、香料群島ともいう。肉料理に欠かせない香料クローブ（つぼみが釘の形をしたチョウジ）がとれたので、各国の船がこの島をめざした。アラビアの商人はこの島を、Jazirat（ジャジラト＝島）・al-Muluk（アル-マルク＝王の）と呼んだので、「マルク」という地名になった。実際にいくつかの王家の支配下にあった島である。

東ティモールの国旗

黒はポルトガルの植民地時代、黄は独立への戦い、赤は民衆の流した血を表す。白い星は未来への希望を表している。

東ティモール

マレー語でTimor（ティモール＝東）。ポルトガルは1511年、マレー半島にあるマラッカを占領し、1515年には香料群島（マルク諸島）に近づくため、ティモール島を占領した。一方、17世紀半ばにオランダがインドネシア領をここまで広げたので、1859年、島を東西に2分することになった。1945年、インドネシア独立により西のオランダ領がインドネシアに復帰しても、ポルトガル領であり続けた東ティモールは1999年にようやく独立した。テトゥン族などメラネシア系の住民が多く、カトリック教国である。首都は、ディリで香料の名に由来する。

東ティモールの独立運動（1999年）

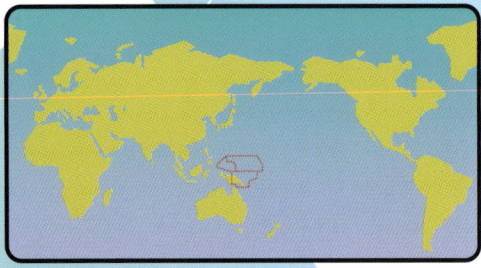

オセアニア ①
パラオ、パプア・ニューギニア、ミクロネシア（アメリカ領）

マリアナ諸島（アメリカ領）

スペインのフィリップ4世（在位1285〜1314年）の后（きさき＝国王の正妻）・マリア・アンナが、カトリックの布教に援助を与えたので、その名をマリアナと残している。1566年、スペインが領有を宣言したが、1898年のアメリカとスペインの戦争でアメリカ領となった。南北800km、15の島からなり、主島はグアム島である。

グアム島（アメリカ領）

1521年にマゼランが寄港したとき、住民が船に立ち入り、物を盗んだので、泥棒諸島という名前がついたが、その汚名を返上するためGua（グア＝われわれは）・han（ハン＝持っている）→グアムと名前を改めたという。1898年にスペイン領からアメリカ領となり、1944年に日米の地上戦があり、日本軍が玉砕した。マリアナ諸島最大の島だが、淡路島より少し小さい。

パラオの国旗

国際連盟時代、日本の委任統治領だったので、日の丸を手本としたが、月の方が行事など暮らしとの関わりが深かったのでこういうデザインとなった。青は太平洋、黄色い満月は愛と平和を表す。

パラオの新国会議事堂

メラネシア語で、Belau（ベラウ＝島）から、Pulau（パラオ）となまったもの。火山島やサンゴ礁島など200の島々からなる。1886年スペイン領→1899年ドイツ領→1921年日本委任統治領→1945年アメリカ信託統治領と変わった。1993年に独立。コプラ・カツオ・マグロなどの輸出国。コプラは石けんやマーガリンの原料となるココヤシからとれる油脂。首都マルキョクは伝説上の始祖の名。2006年に台湾政府の援助で新国会議事堂が建てられた。

パラオ共和国 — **パラオ**

ギリシャ語で、「ミクロ＝小さな」・「ネシア＝島々」。火山島やサンゴ礁島など600の島々からなる。1686年スペイン領→1899年ドイツ領→1921年日本委任統治領→1945年アメリカ信託統治領と変わった。ミクロネシア人は、ポリネシア（たくさんの島々）人のように大柄ではなく、メラネシア（黒い島々）人のように色黒ではない。1986年独立。

ミクロネシアの国旗

青は太平洋、4つの白い星はコスラエ、チューク、ポンペイ、ヤップの4つの大島を中心とする4州を示している。

ミクロネシア

パリキール
ポンペイ島

ミクロネシア連邦

首都 パリキール

1989年に首都となった。第二次世界大戦のときに日本軍が空港としたところに、人工の街をつくり、国会議事堂などを建てた。パリキールとはポンペイ語で「背負って歩く」という意味で、若い国の先頭に立つ意気ごみを示している。

「パプア」はマレー語で「先住民の縮れ毛」のこと、「ギニア」は住民の黒っぽい肌がアフリカのギニア海岸の住人に似ていたことから、1542年、スペイン人船長レテスによって命名された。北部のドイツ領と南部のイギリス領を20世紀初頭にオーストラリアがパプア新ギニア地区として引きつぎ、そこから1975年に独立した。

パプア・ニューギニアの国旗

赤は太陽、黒はメラネシア人。黄のシルエットは国鳥であるゴクラクチョウで、富と幸福と親善のシンボル、白の星は南十字星を表している。

パプア・ニューギニア

マリアナ諸島
グアム島
ビスマーク諸島
ニューギニア島
パプア・ニューギニア
パプア湾
ポート・モレスビー

首都 ポート・モレスビー

1873年、この港へのヨーロッパ人最初の訪問者である、イギリス海軍のモレスビー船長の名前に由来する。「ポート」は港。銅・コーヒー・木材の輸出港。パプア・ニューギニア大学がある。

ポート・モレスビー

オセアニア ②
オーストラリア I

オーストラリアの国旗

4分の1はイギリス国旗をあしらい、イギリス連邦の一員であることを示す。大きな星はオーストラリア連邦の星で、放つ7本の光は国を構成する6州とノーザンテリトリー（北部直轄地方）。5つの星は南十字星で、大航海時代に、南の方向を知る目印となった。

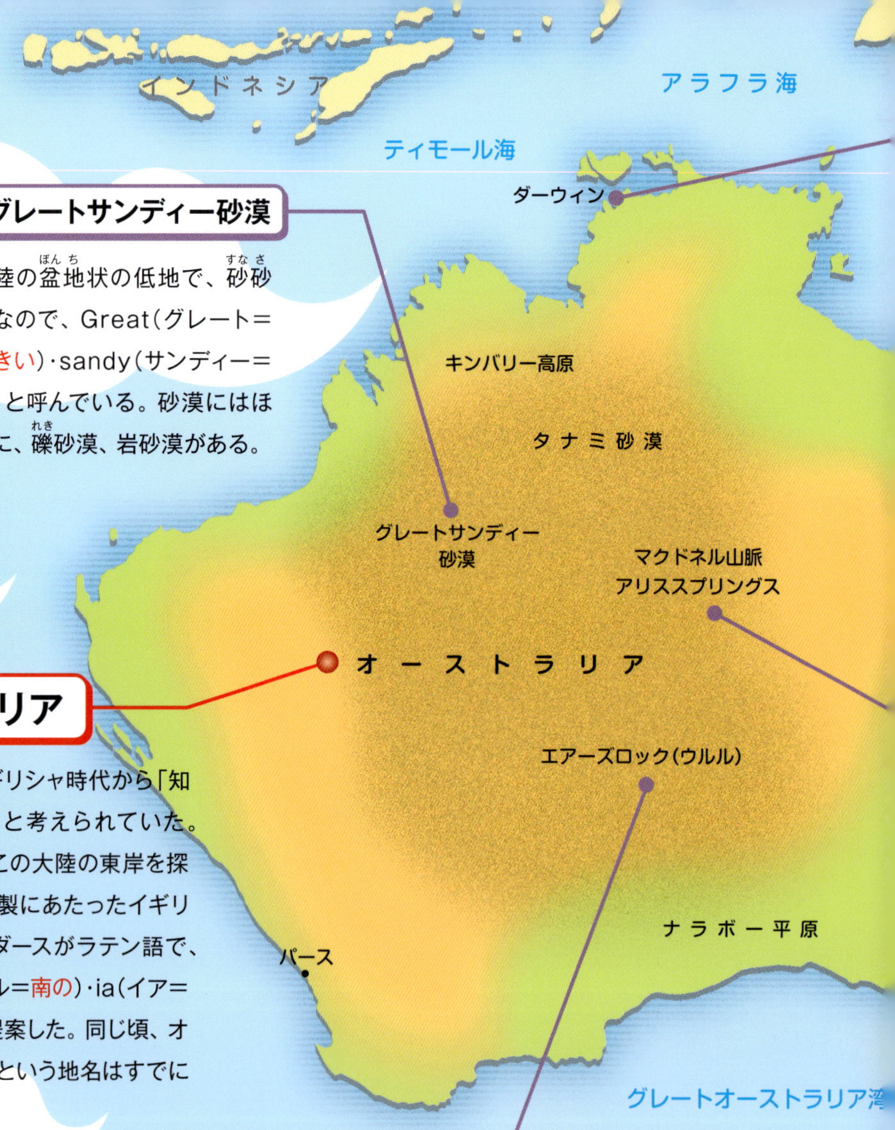

グレートサンディー砂漠

大陸の盆地状の低地で、砂砂漠なので、Great（グレート＝大きい）・sandy（サンディー＝砂）と呼んでいる。砂漠にはほかに、礫砂漠、岩砂漠がある。

オーストラリア

オーストラリアは、ギリシャ時代から「知られざる南の大陸」と考えられていた。1770年にクックがこの大陸の東岸を探検したあと、地図作製にあたったイギリス人探検家・フリンダースがラテン語で、Austral（オーストラル＝南の）・ia（イア＝土地）という地名を提案した。同じ頃、オセアニア（＝大洋州）という地名はすでに使用されていた。

エアーズロック

オーストラリアの総督・エアーズの名前に由来する。1872年、発見者のゴスが当時の南オーストラリアの総督の名をつけた。高さ532mの台地上に335m突き出す大岩は、周囲約9kmの平板な単一の岩。先住民は「ウルル」と呼んでおり、神聖な物と考えられている。

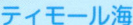

地図ラベル: インドネシア、アラフラ海、ティモール海、ダーウィン、キンバリー高原、タナミ砂漠、グレートサンディー砂漠、マクドネル山脈、アリススプリングス、オーストラリア、エアーズロック（ウルル）、パース、ナラボー平原、グレートオーストラリア湾

エアーズロック（ウルル）

ダーウィン

1836年、ビーグル号による世界一周の途中、大陸の東岸のサンゴ海と南岸を調査した生物学者ダーウィンの名前。ここは大陸北岸第一の港湾であったから、第二次世界大戦中、日本軍の空襲があった。

グレートバリアリーフのサンゴ礁

グレートバリアリーフ

Great（グレート＝大きい）・barrier（バリア＝堡塁、障害）・reef（リーフ＝サンゴ礁）で「大保礁（＝海岸からはなれた沖合のサンゴ礁）」という意味。世界最大のサンゴ礁で、日本列島ほどの長さがあり、約600の島々、350種のサンゴ虫からなる。沖合にサンゴ礁があるので、航行には障害となるが、1500種以上の熱帯魚が泳ぎ、イルカ・クジラ・ウミガメ・シャチ・ジュゴンなどが生息する。

グレートバリアリーフの衛星写真

グレートアーテジアン（大鑽井）盆地

英語でGreat（グレート＝大）Artesian（アーテジアン＝鑽井）盆地。乾燥地であるために、羊の飲用に鑽井（＝掘り抜き井戸）を掘ると、地下の帯水層から被圧地下水が噴き出す。盆地は大部分が高さ150m以下で平坦である。広さは日本列島の5倍近い。

アリススプリングス

1872年、トッドが電話線の基地をもうけたときに、自分の妻の名前（アリス）を地名にした。スプリングスは泉。マクドネル山脈の南側斜面（高さ546m）にあり、2004年に開通した大陸縦断鉄道のほぼ中央に位置する。

カンガルー島

佐渡島の5倍ほどの島で、1802年にオーストラリア大陸を一周した探検家フリンダースが、多くのカンガルーを見たのでこの名前となった。19世紀半ばにアザラシとクジラを捕るために定住者が入り、アザラシ油は保革用、鯨油はランプ用の油として取引された。西部の国立公園にはユーカリの森があってカンガルーやコアラの楽園、南部の自然保護公園にはペンギンやアシカがいる。

地図上の地名：
ヨーク岬半島、ケアンズ、グレートバリアリーフ、グレート・ディバイディング山脈、グレートアーテジアン（大鑽井）盆地、エーア湖、トレンズ湖、ダーリング川、マーレー川、ブリスベン、シドニー、キャンベラ、メルボルン、アデレード、カンガルー島、タスマニア島、太平洋、タスマン海、ニュージーランド

オセアニア ③
オーストラリアⅡ

マーレーダーリング盆地

本流のマーレー川と支流のダーリング川流域の盆地。オーストラリア最大の河川だが、水量が少ないため太平洋側の河川からトンネルを通して水をひき、灌漑を維持している。1824年に2人のイギリス人探検家が大分水嶺を越えて川下りを試み、そのときの州知事マーレーと植民地大臣ダーリングにちなんで川の名前をつけた。

ナラボー平原

ここを走る大陸横断鉄道（インディアン・パシフィック）の直線路は、世界最長の478kmである。障害物のない平坦面が続くところは、ラテン語Null（ナル＝ない）・arbor（アーボー＝樹木）から「ナラボー（＝木のない）」と呼ばれている。ここは海岸部から40〜100m高い台地面に相当している。

ナラボー平原

パース

1829年、ここを探検したスコットランド海軍大佐スターリングは、自分の生地・パース（＝やぶ）の名をつけた。背後は小麦、牧羊、鉱山（ニッケル・ウラン）地帯。西オーストラリア州の州都。市中を流れるスワン（白鳥）川に群がる黒鳥と咲いたまま乾燥してドライ・フラワーになる草があることで知られている。

メルボルン

1835年、南のタスマニア島からの移住者が、当時のイギリスの首相メルボルン（在職1835〜41年）の名をつけた。1850年代のゴールドラッシュのおかげで豊かな都市に成長し、1901〜27年オーストラリア連邦の首都となった。イギリス人のほか、ギリシャ人やイタリア人がめだつ。ビクトリア州の州都で、450もの公園がある。

地図ラベル：インドネシア、アラフラ海、ダーウィン、キンバリー高原、タナミ砂漠、グレートサンディー砂漠、オーストラリア、シンプソン砂漠、グレートヴィクトリア砂漠、ナラボー平原、パース、グレートオーストラリア湾

グレートディバイディング山脈

Great(グレート＝大きい)・dividing(ディバイディング＝分ける)range(レインジ＝山脈)なので、大分水嶺と訳している。平均高度1000m、最高峰は高さ2230mのコジウスコ山。1840年にこの山の最初の発見者となったポーランド人が、祖国の英雄の名前をつけた。

グレートディバイディング山脈

- ケアンズ
- サンゴ海
- グレート・ディバイディング山脈
- グレートアーテジアン（大鑽井）盆地
- エーア湖
- トレンズ湖
- ダーリング川
- マーレーダーリング盆地
- マーレー川
- ブリスベン
- アデレード
- カンガルー島
- メルボルン
- コジウスコ山
- キャンベラ
- シドニー
- タスマン海
- タスマニア島
- ニュージーランド

シドニーのオペラハウス

シドニー

1788年、この地をオーストラリア最初の流刑地に決めたイギリスの植民地大臣シドニーの名前。現在、市の南にあたるボタニー(植物学)湾にその囚人植民地の跡がある。ニューサウスウェールズ州の州都で、1973年に完成した2列の帆船をイメージしたオペラハウスで有名。

先住民の言葉で、「会合の場所」という意味。1913年からつくられはじめた放射状の道路と環状線道路を組み合わせた計画都市は、1927年に首都となった。アメリカ人建築家グリフィンの設計図にもとづいたもので、グリフィンの名の湖もある。

首都 キャンベラ

1642年、オランダ人タスマンが発見したので、「タスマンの土地」となった。先住民はイギリス人入植者により迫害、差別され、1876年に絶滅した。

タスマニア島

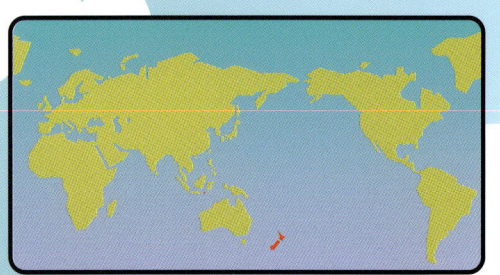

オセアニア ④
ニュージーランド

1642年、オランダ人タスマンが到達し、オランダ語Nieuw（ニュー＝新）・zeeland（ジーランド＝海の土地）と命名されたが、英語化されNewzealand（ニュージーランド）という表記になった。先住民のマオリ語ではAo（アオ＝雲）・tea（テア＝白い）・roa（ロア＝長い）、つまり「太平洋上からはるか彼方に見える、長い白い雲の下にある国」と表現した。北島は火山島、南島は氷河をいただく島である。1840年にイギリス領となり、1947年に独立した。

ニュージーランドの国旗

4分の1はイギリス国旗をあしらい、イギリス連邦の一員であることを示す。青は太平洋と青い空を表す。赤い星は3等星をのぞいた一等星だけの南十字星である。

アオラキ（クック）山

マオリ語のAo（アオ＝雲）・rangi（ランギ＝大空の）から「アオラキ」、英語では探検家クックの名前からクック山（3760m）と呼ぶ。南アルプスの中央にそびえ、3000m級の山22峰の中の最高峰である。長さ28kmのタスマン氷河がかかっている。

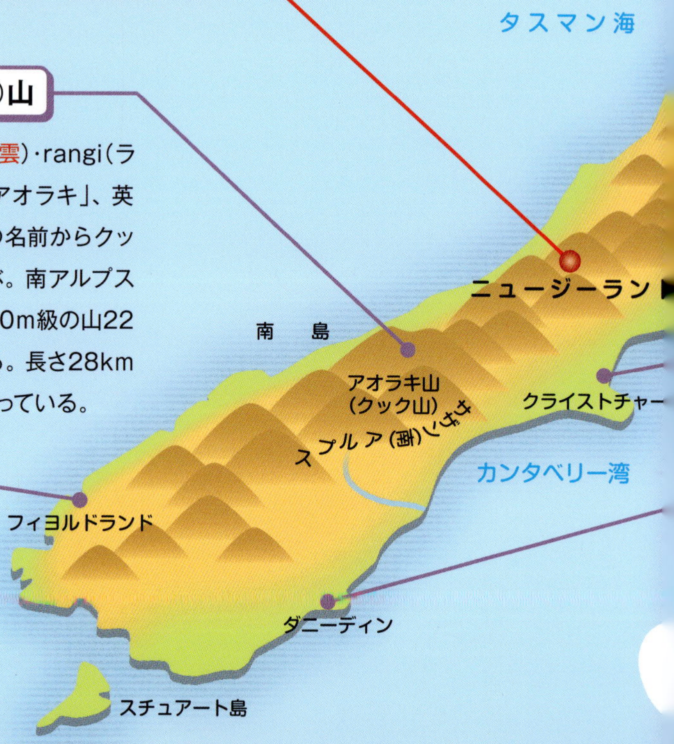

アオラキ（クック）山

フィヨルドランド

14のフィヨルド「峡湾」があり、中でも長さ16kmのミルフォード入江は両岸に高さ1000m以上の断崖が迫り圧巻である。入江にはアザラシ・ペンギン・イルカが生息する。内陸には5つの氷河湖があり、テアナウ（＝洞窟の速い水）湖は観光化が進んでいる。

ノース岬

1840年、ニュージーランド初代総督ボブソン海軍大佐が、イギリス海軍本部長のオークランドに敬意を表して命名した。1865年まで植民地の首都。半島の東西両側の海域から入ることができる便利な港町であり、北に広がるオセアニア圏との交流がさかんで、都市人口はニュージーランド最大である。

オークランド

オークランド

北島

トンガリロ国立公園

1894年に決まったこの国最初の国立公園。一人の英雄が山の頂上で凍死しそうになったとき、Tonga（トンガ＝南風）・riro（リロ＝運ばれた）により、それがハワイ島の姉妹に伝わり、その結果、火が噴きだしあたためられたという、マオリ族の神話から「トンガリロ」（1986m）、ヌガウルホエ（「噴き出す溶岩」、2291m）、ルアペフ（「爆発する穴」、2797m）の3つの山が国立公園を形づくる。

トンガリロ国立公園

トンガリロ国立公園

首都 ウェリントン

1815年、ワーテルローの戦いでナポレオンを破ったウェリントン将軍の名前をつけている。1865年、北のオークランドから、南島に近いこの町に遷都した。海岸が狭いため背後の山麓に住宅街が広がり、港町と宅地とはケーブルカーで結ばれている。

クック海峡

ウェリントン

太平洋

クライストチャーチ

1850年、イギリス国教会の人びとがつくった町。オックスフォード大学（イギリス）クライストチャーチ（キリスト教会）カレッジ（大学）出身のリーダーが、その中にいたので、それが地名となった。歴史的建造物として、1873年のカンタベリー大学や1904年の大聖堂がある。

ダニーディン

1848年、スコットランド長老派教会344人によってきずかれた町で、地名はスコットランドの首都であるエディンバラの旧名・ダニーディン（＝岩壁の）をそのまま移している。1860年代にゴールドラッシュがあって、オタゴ（＝赤土の場所）湾の中心地として栄えたので、ファースト教会・オタゴ初期入植者博物館・オタゴ大学など堅牢で洗練された当時のイギリス風建造物が見られる。

31

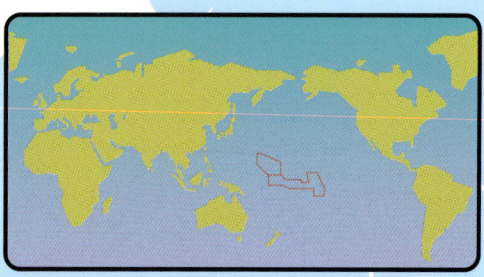

オセアニア ⑤
マーシャル諸島、キリバス
(アメリカ領)

ホノ(＝湾)・ルル(＝囲まれた)はハワイ州の州都で、オアフ島にある。観光地で名高いワイ(＝水)・キキ(＝わき出る)の浜がある。12世紀半ばにできた町で、1850年にハワイ王国の首都となった。

ワイキキの浜辺

州都 **ホノルル**（アメリカ）

マーシャル諸島共和国
ラタック
ラリック

首都 **マジュロ**

マジュロ

東西40km、南北10kmの大きさの輪をなす60あまりのサンゴ礁には、北側に2つの水路がある。マーシャル語でMaj(マジ＝出入口)・ruo(ルオ＝2つの)が、「マジュロ」と短くなったもの。マーシャル諸島の人口の半分が集まっている。第二次世界大戦中アメリカ軍が占領し、人と物の動きがここを中心としたので首都となった。

マーシャル諸島

マーシャル諸島の国旗

青は太平洋、オレンジ色は勇気とラタック(日の出)諸島、白は平和とラリック(日の入り)諸島を表し、右上がりは将来の発展を示す。太陽の24の光線は自治体の数、うち4本の長い光線はキリスト教国であることを示す十字。

1788年、イギリス東インド会社の「マーシャル船長」は、イギリスからオーストラリア大陸への第1回囚人輸送を終えると、この付近を探検した。1885年にドイツ領、1914年に日本の委任統治領と代わった。第二次世界大戦では、日米の激戦地のひとつとなっており、戦後はアメリカの信託統治領となった。ビキニやエニウェトク環礁でのアメリカの核実験がおこなわれたところ。1990年に独立した。

タラワ

バナバ島　ギルバート諸島　赤道　フェニックス諸島

ツバル

首都 **タラワ**

日付変更線に向かって、長辺35km、短辺25kmのV字型のサンゴ礁島の連なりが見られる。その中にTaar(タール＝押し出す)wa(ワ＝カヌーを)、つまりタラワ環礁がある。V字型の奥まったところに空港と養魚場があり、ひときわ目を引く。

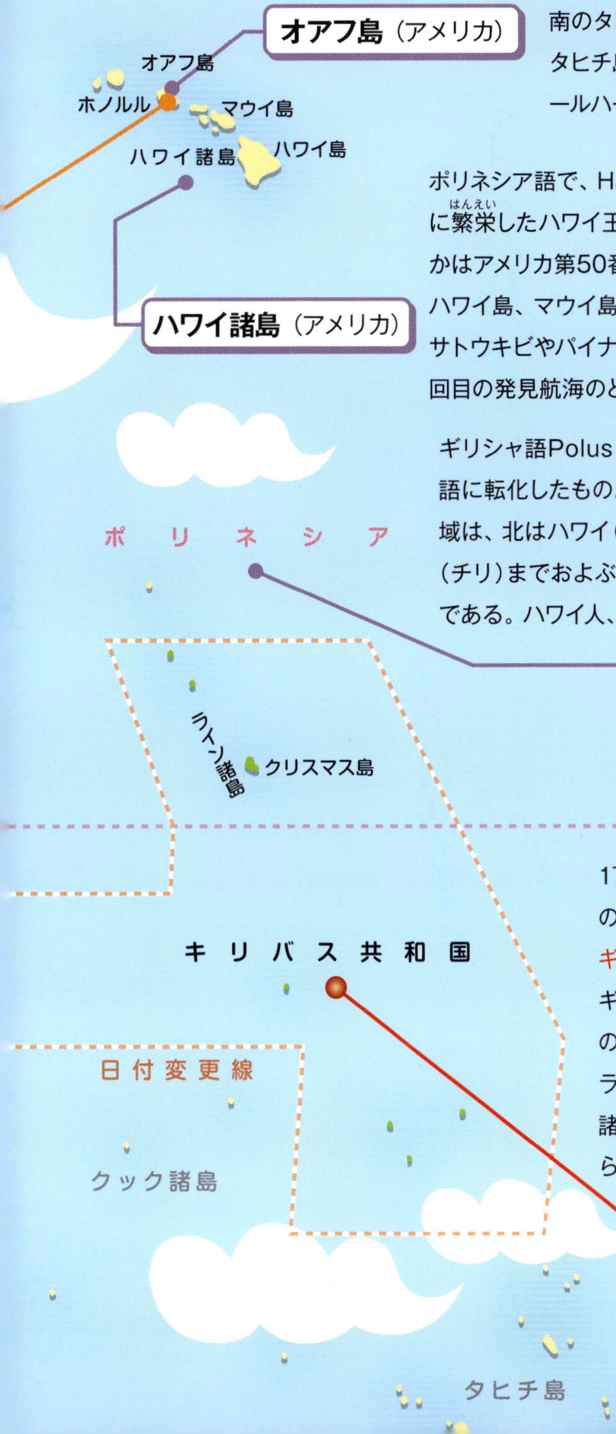

オアフ島（アメリカ）

南のタヒチ島から来たハワイイロアという酋長の娘・オアフの名前。ハワイ人はタヒチ島からの移住者である。ハワイ州の州都ホノルル、その西10kmにはパールハーバー（真珠湾）がある。ハワイ州の人口の8割はこの島に住んでいる。

ハワイ諸島（アメリカ）

ポリネシア語で、Hawaii（ハワイイ＝先祖の国、死者の国）。19世紀に繁栄したハワイ王国は、1898年にアメリカ領となり、1959年にはアメリカ第50番目の州となった。人口の2割は、日系人である。ハワイ島、マウイ島、オアフ島など主要な8つの島々がよく知られ、サトウキビやパイナップルを栽培している。キャプテン・クックが第3回目の発見航海のとき、命を落としたところである。

ポリネシア

ギリシャ語Polus（ポルス＝たくさんの）・nesos（ネソス＝島々）から英語に転化したもの。ポリネシア人はアジアからの移住者で、その分布地域は、北はハワイ（アメリカ）、西はニュージーランド、東はイースター島（チリ）までおよぶ。身長は大柄な方で、肌は明るい褐色、髪は縮れ毛である。ハワイ人、タヒチ人、ニュージーランドのマオリ人がその代表。

イースター島のモアイ像

キリバス

1788年にイギリスからオーストラリア大陸への囚人輸送を終えたイギリス東インド会社のギルバート船長が探検した島々。1979年にイギリスから独立したとき、そのギルバート船長の名前を現地風にして「キリバス」と名づけた。ライン（＝線）諸島、フェニックス（＝不死鳥）諸島、ギルバート諸島と孤島であるバナバ島から成り、赤道をまたいで分布している。

キリバスの国旗

白と青の波の上にのぼる黄色い太陽は空を赤く染めており、世界で最初に日付が変わる国であることを示す。3対の波は、ギルバート・フェニックス・ラインの3諸島による。黄色い鳥はグンカンドリで、希望を表している。

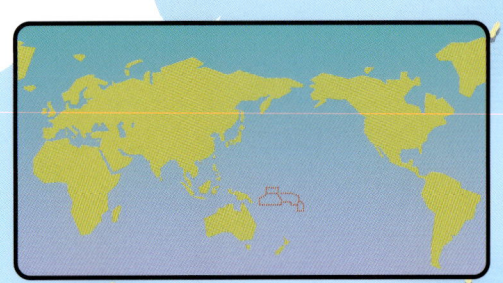

オセアニア ⑥
ナウル、ソロモン諸島 ツバル、サモア

隆起したサンゴ礁島は、1周19kmの小島で、魚がいたのでアホウドリも集まり、厚さ60mもの良質の鳥糞石（＝リン鉱石）の堆積層があった。1888〜1915年の間、ドイツ領だったとき、Onawero（オナウェロ＝魚の名前）島と呼ばれ、それがナウルとなまったもの。第二次世界大戦では、日本とイギリスがあらそい、1968年に国連信託統治領から独立した。

ナウルの国旗

黄の帯は赤道で、青は北太平洋と南太平洋に分かれ、白い星は国土とその位置を示す。白い星の12本の光は、島に住む12の部族を表している。

ミクロネシア

ナウル

赤道

ヤレン

パプア・ニューギニア

ナウル共和国

キリバス

1942年、ガダルカナル（＝スペインの地名からつけた名前で「運河川」という意味）島の旧日本軍の空港のあった場所で、日米両軍が奪い合ったところである。Na（ナ＝影）・Honiara（ホニアラ＝南東風の）から、短く「ホニアラ」となった。

首都 **ホニアラ**

メラネシア

ソロモン諸島

ホニアラ
ガダルカナル島

ソロモン諸島の国旗

水色の海にある5つの星は、この国の5つの地方と南十字星をダブらせたデザイン。斜めの黄は太陽の光、緑は豊かな国土を表す。

1567年、スペイン人メンダニャが発見し、大小100余りの島々を、紀元前10世紀のヘブライ王・ソロモンが黄金を手に入れたオフィル国にたとえて、「ソロモン」とした。北部をドイツ、南部をオーストラリアが支配した時代を終えると、1900年にイギリスの領土となった。1942年、日本軍が占領した直後に、日米のガダルカナル島の激戦があって、アメリカの支配下に入り、その後1978年に独立した。

バヌアツ

ニューカレドニア（フランス領）

9つのサンゴ礁島が南北590kmにわたって広がり、そのうち8つの島に住民が居住する。ポリネシア語で、Tu（ツ＝サンゴ礁島）・val（バル＝8つの）となるが、これは1978年にキリバスから分離・独立するときにつけられた名前。島のいちばん高いところでも4mしかなく、電気は自家発電機、水は雨水という不便な国である。海の水位が上がって水没の危機にさらされている。

ツバル

ツバルの国旗

4分の1はイギリス国旗をあしらい、イギリス連邦の一員であることを示す。水色は太平洋、9つの黄色い星は、国を構成する9つの島であるが、1つは無人島である。

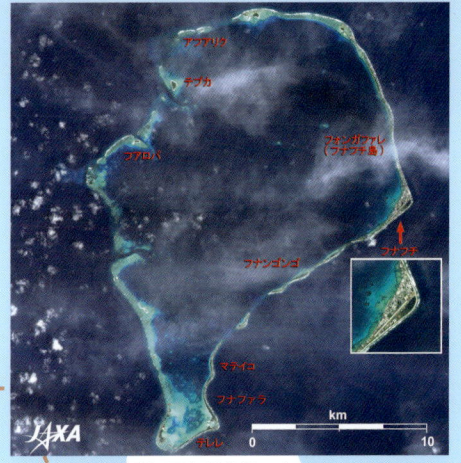

ツバルの衛星画像、四角が首都フナフティ（画像：JAXA）

大小33のサンゴ礁の島が長さ50kmにわたって断続的に連なり、ほぼ円の形をしている（上の写真）のがFuna（フナ＝しぶき）・Futi（フティ＝巻き上げる）環礁である。一番大きな島が首都・フナフティで、空港があり、そのまわりに国の主要な機関が集まっていて、1999年に日本から送られた海水淡水化装置もある。

首都 フナフティ

サモア

Sa（サ＝聖なる）・moa（モア＝走る鳥）とは、ニワトリに似た飛べない鳥だが、乱獲したので絶滅した。2つの火山島と付属島からなり、1899年ドイツ領→1915年ニュージーランド領→1945年国連信託統治領→1962年に独立。首都のあるサバイイ島の最高峰は1858mで、山麓はココヤシ、バナナ、ココア、パンノキ、イモの畑が広がる。国内の日付が2日にわたるのをさけるために、2012年に日付変更線を国の東側に移動させた。

サモアの国旗

赤は勇気、青は自由、白い星は南十字星を表す。

首都 アピア

この地はヨーロッパ人が来る前から、先住民のアピア（＝集落）があったところで、19世紀末にドイツ人が来て、ココヤシなどの農園（プランテーション）が開かれて発展した。1889年、結核療養のためにイギリス人作家のスチーブンソンが選んだ場所で、当時のことをくわしく日記に書き残している。

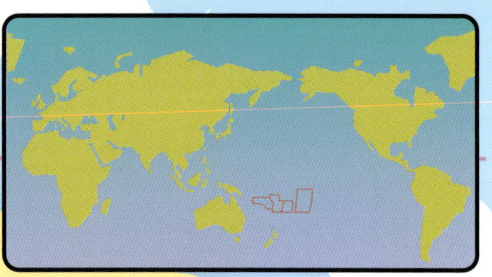

オセアニア ⑦
バヌアツ、フィジー諸島 トンガ、クック諸島

フィジーの各村には、集会などに用いられるブレと呼ぶ建物がある

フィジー諸島の国旗

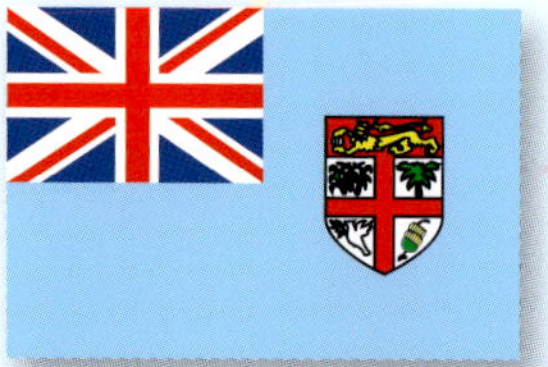

4分の1はイギリス国旗をあしらい、イギリス連邦の一員であることを示す。水色は太平洋。英国の守護聖人聖ジョージズの十字の盾にはカカオの実をもったライオン、特産物のサトウキビ、ココナッツ、バナナ、それに平和のシンボルであるオリーブの葉をくわえたハトが描かれている。

1606年、ポルトガル人キロスがこの天然の良港に到達し、ポルトガル語でVila(ビラ=町)と名づけた。1887年からイギリスとフランスの支配地となり、Port(ポート=港)・Vila(ビラ)、「ビラ港」と変わった。1942年には、アメリカ軍の基地が置かれた。コーヒー、カカオ、コプラ(ココヤシの実)などの輸出港。

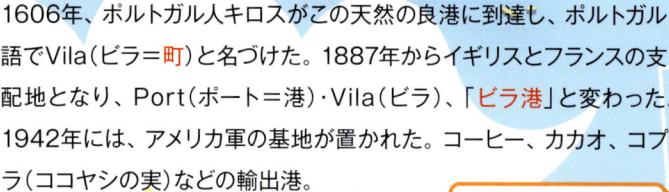

首都 **ポートビラ**

バヌアツ

バヌアツの国旗

赤は太陽と血、緑は国土の豊かさ、黒はメラネシア人を示す。黄色い紋章の外側のらせんはブタの牙で富を、内側の組み合わせ模様はシダの葉で平和を表す。黄のYを横に寝かせたのは約80の島の配列がYの字の形をしているから。

メラネシア語で、Vanua(バヌア=土地、国)・tu(ツ=確立した)。大小80ほどの火山島やサンゴ礁島などからなる。イギリスとフランスの共同統治時代を経て、1980年に独立した。石けんやマーガリンの原料となるコプラや牛肉の輸出国。ヤムイモ収穫祭の日に、20mのタワーから勇気をためすバンジージャンプという成人式の通過儀礼をするので有名。

首都 **スバ**

Suva(スバ=柵や土塁)で囲まれた入江だったので、この名がついた。オセアニアにも小さな戦闘が絶えずあり、倒した敵を食べる習慣もあった。19世紀後半からイギリス人によるサトウキビ農園がはじまり、その労働力としてインド人が移住してきた。1970年には南太平洋大学が設立され、現在、南太平洋最大の町となっている。

ビチレブ（＝大きなビチ）とバヌアレブ（＝大きな土地）の2島とその付属島からなり、Viti（ビチ）がFiji（フィジー）と変わった。ビチは19世紀に国を統一した王の名。1643年にオランダ人タスマンが到達し、1874年にイギリス領になり、1970年に独立した。1998年、国名に「諸島」を加えた。人口の半分はサトウキビ栽培のために移住したインド人である。

1773年、「キャプテン・クック」が発見した。マオリ語のラロ・トンガ（＝南の風下）島など15の火山島やサンゴ礁島からなり、ココヤシ、トマトなどの産地。主島のラロ・トンガ島には高さ658mの火山があり、よい目印になっている。2011年にニュージーランド信託統治領から独立した。人口の8割はマオリ人。

クック諸島の国旗

4分の1はイギリス国旗をあしらい、イギリス連邦の一員であることを示す。青地は太平洋、その上の円陣を組む15の白い星は国を構成する島の数で、白は平和と愛の色。

フィジー諸島

クック諸島

マオリ語でAva（アヴァ＝水路）・rua（ルア＝2つの）という意味。伊豆大島ほどの火山島であるラロ・トンガ島の北側にあり、島を囲む環礁（サンゴ礁）に2カ所のさけ目があって、そこから外洋船が港に進入したのでこの地名になった。タロイモ、ココヤシ、バナナ、パイナップルなどの集散地。

首都 **アヴァルア**

サモア

クック諸島

アヴァルア

タヒチ島（フランス領）

太平洋

トンガ王国

ヌクアロファ

トンガ

首都 **ヌクアロファ**

日付変更線

ハワイ人などオセアニア人が使うアロファ（＝愛、あいさつ）という言葉でかざった、Nuku（ヌク＝入口）・alofa（アロファ＝あいさつの）という意味の地名。キャプテン・クックがフレンドリー（＝友情あふれる）と呼んだ島の玄関にあたる。1840年代に都にしたところで、低いへいに囲まれた赤い王宮と官庁街がある。

Tonga（トンガ＝南）・tapu（タプ＝神聖な）諸島など3群の島々からなり、最大の島トンガタプ島から、トンガの国名が出てきた。1616年、オランダ人スホーテンらが上陸した。1900年、イギリスとの友好条約締結のまま、自治権を維持し、身分制社会と王制を堅持し、1970年に完全独立した。ココヤシ、バナナ、カボチャ、かつお節が主な産物。

トンガの国旗

白で表す信仰心の純粋さの中に、赤いキリスト教の十字が描かれる。赤は血の色である。

しらべてみよう
世界地名クイズ

ユーラシア大陸

アフリカ大陸

オーストラリア大陸

問題1 アジアの国は47あります。では、アフリカ、アメリカ、オセアニア、ヨーロッパの国の数は次のどれですか？

- 15カ国
- 35カ国
- 45カ国
- 54カ国

（2012年現在）

問題2 大陸名の語尾の音はすべて「a」または「ca」で終わっています。大陸名は同じ言語で表されています。何語でしょうか？

a. 英語　b. フランス語　c. ラテン語

ヒントは26p!

問題3 国旗に星を使っている国は世界に57あります。その中でオセアニアの6カ国は他の国とはちがい実際の空の星を想定しています。それは次のどれでしょうか？

ヒントは26p、35p!

a. 北極星　b. 金星　c. 南十字星

問題4 インドネシアは「インドの島々」、ミクロネシアは「ちいさな島々」、ポリネシアは「たくさんの島々」という意味でした。ではメラネシアとはどういう島々のことでしょう？

a. 緑の島々　b. 赤い島々　c. 黒い島々

ヒントは25p!

問題5 フランスの画家ゴーギャンが住んだことで知られるタヒチ島（フランス領ポリネシア）は、島の形からつけられた島名ですが、その意味は次のどれだと思いますか？

a. 双子島　b. 親子島　c. ひょうたん島

ヒントは37p!

問題6 アジア人は、南太平洋の絶海の島にまで、移住先を求めました。モアイという石像で有名なチリ領の島は次のどれですか？

ヒントは33p!

a. ボラボラ島　b. タヒチ島
c. イースター島

問題7 「ジャパン」は外国からの呼び方（他称）です。となりの韓国と朝鮮の他称はそれぞれ「サウスコリア」、「ノースコリア」です。「コリア」とは、朝鮮史にでてくる王朝の名前ですが、そのもとになったのはどれですか？

a. 高句麗（こうくり）　b. 新羅（しらぎ）　c. 高麗（こうらい）

問題8 オセアニア日付変更線（東経・西経180度）付近を見ますと、3つの国が東側につきだしています。これはなぜですか？

ヒントは35p!

問題9 カンボジアのアンコール（＝都市）・ワット（＝寺の）や、ハワイのホノ（＝湾）・ルル（＝囲まれた）のように、東南アジアやオセアニアの言語はふつう修飾語が名詞のうしろにありますが、次の地名の中にはインドから入った地名のために、修飾語が名詞の前に来ているものがあります。どれでしょう？

a. カンボジア　b. シンガポール　c. ツバル

問題10 1776年、イギリスのクックは第3回目の太平洋探検航海で、ボートを盗まれたことからトラブルとなって命を落としましたが、それはどこで起こった出来事でしたか？

a. ニュージーランド
b. クック諸島
c. ハワイ

ヒントは33p!

問題11 2011年にオセアニアからクック諸島という新しい国が誕生しました。オセアニアにはまだ植民地の状態の国がいくつもありますが、面積と人口のうえで最大の植民地を有する国は次のどの国ですか？

a. アメリカ　b. イギリス　c. オーストラリア
d. ニュージーランド　e. フランス

ヒントは34、36p!

ヒントは20p!

答えは次の頁

参考文献

コンサイス地名辞典外国編
(谷岡武雄監修、三省堂)

世界大百科事典
(全24巻、平凡社)

世界の国旗
(辻原康夫監修、成美堂出版)

地球を旅する地理の本
(全8巻、大月書店)

週刊朝日百科 世界の地理
(全121冊、朝日新聞社)

世界の宗教
(村上重良、岩波ジュニア新書)

ZHONGGUOYU CIDIAN 中国語辞典
(鐘ヶ江信光、大学書林)ほか各国語辞典

ロシア語のすすめ
(東郷正延、講談社現代新書)

中国語のすすめ
(鐘ヶ江信光、講談社現代新書)

東南アジア語の話
(松山納、大学書林)

MAORI Place NAMES
(A.W.REED、REED)

PLACE NAMES OF HAWAII
(University of Hawaii Press)

東南アジアの歴史
(永積昭、講談社現代新書)

オーストラリア歴史の旅
(藤川隆男、朝日新聞社)

ニュージーランドA to Z
(池本健一、丸善ライブラリー)

オセアニア
(石川栄吉編、山川出版社)

ミクロネシアの小さな国々
(小林泉、中公新書)

メラネシア紀行 南人平洋の現実
(西岡義治、JETRO)

ポリネシアトライアングル
(スティングル、坂本明美訳、佑学社)

ソヴィエト旅行案内
(野々村一雄、中公新書)

シベリア500年史
(山中文夫、近代文藝社)

モンゴル 民族と自由
(田中克彦、岩波書店)

中国歴史の旅上下
(陳舜臣、毎日新聞社)

グローバル中国
(池上正治、スリーエーネットワーク)

台湾
(伊藤潔、中公新書)

韓国
(金両基監修、新潮社)

北朝鮮データブック
(重村智計、講談社現代新書)

ヴェトナム 豊かさへの夜明け
(坪井善明、岩波新書)

インドネシア
(水本達也、中公新書)

タイ 開発と民主主義
(末廣昭、岩波新書)

ラオス インドシナ緩衝国家の肖像
(青山利勝、中公新書)

物語フィリピンの歴史
(鈴木静夫、中公新書)

もっと知りたいマレーシア
(綾部恒雄／永積昭編、弘文堂)

ビルマ 発展のなかの人びと
(田辺寿夫、岩波新書)

大航海時代とモルッカ諸島
(生田滋、中公新書)

ハワイ
(山中速人、岩波新書)

太平洋航海記
(キャプテン・クック、荒正人訳、現代教養文庫)

サンゴとサンゴ礁のはなし
(本川達夫、中公新書)

[クイズの答え]
① 15=オセアニア、35=アメリカ、45=ヨーロッパ、54=アフリカ ② c.ラテン語 ③ c.南十字星 ④ c.黒い島々 ⑤ c.ひょうたん島 ⑥ c.イースター島(1722年のイースター=復活祭の日に発見された) ⑦ c.高麗 ⑧ 国内の日付が2日にわたるのを避けるため ⑨ b.シンガポール ⑩ c.ハワイ ⑪ e.フランス(3つあるフランス領の中でニューカレドニアは最大の面積をもつ)

著者略歴
蟻川明男 ありかわ・あきお

1939年生まれ。東京教育大学理学部地理学科卒業。元高校教師（地理）。地理教育研究会会員。著書『三訂版 世界地名語源辞典』（古今書院、2003年）、『世界地名の旅』（大月書店、2003年）、『地球を旅する地理の本④』（共著、1993年、大月書店）、『なるほど日本地名事典』（2011年、大月書店）

なるほど世界地名事典❶
アジアⅠ・オセアニア

2012年10月19日　第1刷発行
2019年 4 月 1 日　第2刷発行
定価はカバーに表示してあります

著者
蟻川明男
発行者
中川 進
発行所
株式会社 大月書店
〒113-0033 東京都文京区本郷2-27-16
電話（代表）03-3813-4651　FAX 03-3813-4656
振替 00130-7-16387
http://www.otsukishoten.co.jp/
デザイン・イラスト・DTP
なかねひかり
印刷
光陽メディア
製本
ブロケード

©Arikawa Akio 2012
ISBN978-4-272-40881-8 C8325　Printed in Japan
本書の内容の一部あるいは全部を無断で複写複製（コピー）することは法律で認められた場合を除き、著作者および出版社の権利の侵害となりますので、その場合にはあらかじめ小社あて許諾を求めてください。

なるほど日本地名事典 全6巻

蟻川明男 著

1. 都道府県名＋北海道～山形県
2. 宮城県～神奈川県
3. 東京都～愛知県
4. 福井県～兵庫県
5. 鳥取県～愛媛県
6. 福岡県～沖縄県